PREFACIO

La colección de guías de conversación para viajar "Todo irá bien" publicada por T&P Books está diseñada para personas que viajan al extranjero para turismo y negocios. Las guías contienen lo más importante - los elementos esenciales para una comunicación básica.Éste es un conjunto de frases imprescindibles para "sobrevivir" mientras está en el extranjero.

Esta guía de conversación le ayudará en la mayoría de los casos donde usted necesite pedir algo, conseguir direcciones, saber cuánto cuesta algo, etc. Puede también resolver situaciones difíciles de la comunicación donde los gestos no pueden ayudar.

Este libro contiene muchas frases que han sido agrupadas según los temas más relevantes.También encontrará un mini diccionario con palabras útiles - números, hora, calendario, colores…

Llévese la guía de conversación "Todo irá bien" en el camino y tendrá una insustituible compañera de viaje que le ayudará a salir de cualquier situación y le enseñará a no temer hablar con extranjeros.

TABLA DE CONTENIDOS

T&P Books Publishing

T&P Books Publishing

GUÍA DE CONVERSACIÓN

— RUMANO —

LAS PALABRAS Y LAS FRASES MÁS ÚTILES

Esta Guía de Conversación contiene las frases y las preguntas más comunes necesitadas para una comunicación básica con extranjeros

Andrey Taranov

T&P BOOKS

Guía de conversación + diccionario de 250 palabras

Guía de conversación Español-Rumano y mini diccionario de 250 palabras

por Andrey Taranov

La colección de guías de conversación para viajar "Todo irá bien" publicada por T&P Books está diseñada para personas que viajan al extranjero para turismo y negocios. Las guías contienen lo más importante - los elementos esenciales para una comunicación básica. Éste es un conjunto de frases imprescindibles para "sobrevivir" mientras está en el extranjero.

También encontrará un mini diccionario con 250 palabras útiles necesarias para la comunicación diaria - los nombres de los meses y de los días de la semana, medidas, miembros de la familia, y más.

T&P Books Publishing
www.tpbooks.com

ISBN: 978-1-78492-623-6

Este libro está disponible en formato electrónico o de E-Book también.
Visite www.tpbooks.com o las librerías electrónicas más destacadas en la Red.

PRONUNCIACIÓN

T&P alfabeto fonético	Ejemplo rumano	Ejemplo español
[a]	**arbust** [ar'bust]	radio
[e]	**a merge** [a 'merʤe]	verano
[ə]	**brăţară** [brə'tsarə]	La schwa, el sonido neutro
[i]	**impozit** [im'pozit]	ilegal
[i]	**cuvânt** [ku'vint]	abismo
[o]	**avocat** [avo'kat]	bordado
[u]	**fluture** ['fluture]	mundo
[b]	**bancă** ['bankə]	en barco
[d]	**durabil** [du'rabil]	desierto
[ʤ]	**gemeni** ['ʤemen']	jazz
[f]	**frizer** [fri'zer]	golf
[g]	**gladiolă** [gladi'ole]	jugada
[ʒ]	**jucător** [ʒuke'tor]	adyacente
[h]	**pahar** [pa'har]	registro
[k]	**actor** [ak'tor]	charco
[l]	**clopot** ['klopot]	lira
[m]	**mobilă** ['mobile]	nombre
[n]	**nuntă** ['nunte]	número
[p]	**profet** [pro'fet]	precio
[r]	**roată** [ro'ate]	era, alfombra
[s]	**salată** [sa'late]	salva
[ʃ]	**cleştişor** [kleʃti'ʃor]	shopping
[t]	**statuie** [sta'tue]	torre
[ts]	**forţă** ['fortse]	tsunami
[ʧ]	**optzeci** [opt'zeʧi]	mapache
[v]	**valiză** [va'lize]	travieso
[z]	**zmeură** ['zmeure]	desde
[j]	**foios** [fo'jos]	asiento
[']	**zori** [zor']	signo de palatalización

LISTA DE ABREVIATURAS

Abreviatura en español

adj	-	adjetivo
adv	-	adverbio
anim.	-	animado
conj	-	conjunción
etc.	-	etcétera
f	-	sustantivo femenino
f pl	-	femenino plural
fam.	-	uso familiar
fem.	-	femenino
form.	-	uso formal
inanim.	-	inanimado
innum.	-	innumerable
m	-	sustantivo masculino
m pl	-	masculino plural
m, f	-	masculino, femenino
masc.	-	masculino
mat	-	matemáticas
mil.	-	militar
num.	-	numerable
p.ej.	-	por ejemplo
pl	-	plural
pron	-	pronombre
sg	-	singular
v aux	-	verbo auxiliar
vi	-	verbo intransitivo
vi, vt	-	verbo intransitivo, verbo transitivo
vr	-	verbo reflexivo
vt	-	verbo transitivo

Abreviatura en rumano

f	-	sustantivo femenino
f pl	-	femenino plural
m	-	sustantivo masculino
m pl	-	masculino plural
n	-	neutro

| n pl | - | género neutro plural |
| pl | - | plural |

GUÍA DE CONVERSACIÓN RUMANO

Esta sección contiene frases
importantes que pueden
resultar útiles en varias
situaciones de la vida real.
La Guía le ayudará a pedir
direcciones, aclaración
sobre precio, comprar billetes,
y pedir alimentos en un
restaurante

T&P Books Publishing

CONTENIDO DE LA GUÍA DE CONVERSACIÓN

Perdone, ...	**Nu vă supărați, ...** [nu və supə'rats^j, ...]
Hola.	**Buna ziua.** [buna 'ziwa]
Gracias.	**Mulțumesc.** [multsu'mesk]

Sí.	**Da.** [da]
No.	**Nu.** [nu]
No lo sé.	**Nu știu.** [nu 'ʃtiu]
¿Dónde? | ¿A dónde? | ¿Cuándo?	**Unde? | Încotro? | Când?** [unde? | inko'tro? | kind?]

Necesito ...	**Am nevoie de ...** [am ne'voje de ...]
Quiero ...	**Vreau ...** [vr^jau ...]
¿Tiene ...?	**Aveți ...?** [a'vets^j ...?]
¿Hay ... por aquí?	**Există ... aici?** [e'gzistə ... a'itʃi?]
¿Puedo ...?	**Pot ...?** [pot ...?]
..., por favor? (petición educada)	**..., vă rog** [..., və rog]

Busco ...	**Caut ...** [kaut ...]
el servicio	**o toaletă** [o toa'letə]
un cajero automático	**un bancomat** [un banko'mat]
una farmacia	**o farmacie** [o farma'tʃie]
el hospital	**un spital** [un spi'tal]

la comisaría	**o secție de poliție** [o 'sektsie de po'litsie]
el metro	**un metrou** [un me'trou]

un taxi	**un taxi** [un ta'ksi]
la estación de tren	**o gară** [o 'garə]

Me llamo …	**Numele meu este …** [numele 'meu 'este …]
¿Cómo se llama?	**Cum vă numiți?** [kum və nu'mitsʲ?]
¿Puede ayudarme, por favor?	**Mă puteți ajuta, vă rog?** [mə pu'tetsʲ aʒu'ta, və rog?]
Tengo un problema.	**Am o problemă.** [am o pro'blemə]
Me encuentro mal.	**Mi-e rău.** [mi-e 'rəu]
¡Llame a una ambulancia!	**Chemați o ambulanță!** [ke'matsʲ o ambu'lantsə!]
¿Puedo llamar, por favor?	**Pot să dau un telefon?** [pot sə dau un tele'fon?]

Lo siento.	**Îmi pare rău.** [imʲ 'pare rəu]
De nada.	**Cu plăcere.** [ku plə'tʃere]

Yo	**Eu** [eu]
tú	**tu** [tu]
él	**el** [el]
ella	**ea** [ja]
ellos	**ei** [ej]
ellas	**ele** ['ele]
nosotros /nosotras/	**noi** [noj]
ustedes, vosotros	**voi** [voj]
usted	**dumneavoastră** [dumnʲavo'astrə]

ENTRADA	**INTRARE** [in'trare]
SALIDA	**IEŞIRE** [je'ʃire]
FUERA DE SERVICIO	**DEFECT** [de'fekt]
CERRADO	**ÎNCHIS** [in'kis]

ABIERTO	**DESCHIS** [des'kis]
PARA SEÑORAS	**PENTRU FEMEI** [pentru fe'mej]
PARA CABALLEROS	**PENTRU BĂRBAȚI** [pentru bər'batsʲ]

Preguntas

¿Dónde?	**Unde?** ['unde?]
¿A dónde?	**Încotro?** [inko'tro?]
¿De dónde?	**De unde?** [de 'unde?]
¿Por qué?	**De ce?** [de tʃe?]
¿Con que razón?	**Din ce motiv?** [din tʃe mo'tiv?]
¿Cuándo?	**Când?** [kind?]

¿Cuánto tiempo?	**Cât?** [kit?]
¿A qué hora?	**La ce oră?** [la tʃe 'orə?]
¿Cuánto?	**Cât de mult?** [kit de mult?]
¿Tiene ...?	**Aveţi ...?** [a'vetsʲ ...?]
¿Dónde está ...?	**Unde este ...?** [unde 'este ...?]

¿Qué hora es?	**Cât este ceasul?** [kit 'este 'tʃasul?]
¿Puedo llamar, por favor?	**Pot să dau un telefon?** [pot sə dau un tele'fon?]
¿Quién es?	**Cine e?** [tʃine e?]
¿Se puede fumar aquí?	**Pot fuma aici?** [pot fu'ma a'itʃi?]
¿Puedo ...?	**Pot ...?** [pot ...?]

Necesidades

Quisiera …	**Aş dori …** [aʃ do'ri …]
No quiero …	**Nu vreau …** [nu 'vrʲau …]
Tengo sed.	**Mi-e sete.** [mi-e 'sete]
Tengo sueño.	**Vreau să dorm.** [vrʲau sə dorm]
Quiero …	**Vreau …** [vrʲau …]
lavarme	**să mă spăl** [sə mə spəl]
cepillarme los dientes	**să mă spăl pe dinţi** [sə mə spəl pe 'dinʦi]
descansar un momento	**să mă odihnesc puţin** [sə mə odih'nesk pu'ʦin]
cambiarme de ropa	**să mă schimb** [sə mə skimb]
volver al hotel	**să mă întorc la hotel** [sə mə in'tork la ho'tel]
comprar …	**să cumpăr …** [sə 'kumpər …]
ir a …	**să merg la …** [sə merg la …]
visitar …	**să vizitez …** [sə vizi'tez …]
quedar con …	**să mă întâlnesc cu …** [sə mə intil'nesk ku …]
hacer una llamada	**să dau un telefon** [sə dau un tele'fon]
Estoy cansado /cansada/.	**Sunt obosit /obosită/.** [sunt obo'sit /obo'sitə/]
Estamos cansados /cansadas/.	**Suntem obosiţi.** [suntem obo'siʦi]
Tengo frío.	**Mi-e frig.** [mi-e frig]
Tengo calor.	**Mi-e cald.** [mi-e kald]
Estoy bien.	**Sunt bine.** [sunt 'bine]

Tengo que hacer una llamada.

Trebuie să dau un telefon.
[trebuje sə dau un tele'fon]

Necesito ir al servicio.

Trebuie să merg la toaletă.
[trebuje sə merg la toa'letə]

Me tengo que ir.

Chiar trebuie să plec.
[kjar 'trebuje sə plek]

Me tengo que ir ahora.

Trebuie să plec.
[trebuje sə plek]

Preguntar por direcciones

Perdone, ...	**Nu vă supăraţi, ...** [nu və supe'raṭsʲ, ...]
¿Dónde está ...?	**Unde este ...?** [unde 'este ...?]
¿Por dónde está ...?	**În ce direcţie este ...?** [in ʧe di'rekʦie 'este ...?]
¿Puede ayudarme, por favor?	**Aţi putea să mă ajutaţi, vă rog?** [aṭsʲ putʲa se me aʒu'taṭsʲ, ve rog?]

Busco ...	**Caut ...** [kaut ...]
Busco la salida.	**Caut ieşirea.** [kaut 'eʃirʲa]
Voy a ...	**Urmează să ...** [ur'mʲazə se ...]
¿Voy bien por aquí para ...?	**Merg în direcţia bună către ...?** [merg in di'rekʦja 'bunə 'kɛtre ...?]

¿Está lejos?	**Este departe?** [este de'parte?]
¿Puedo llegar a pie?	**Pot ajunge acolo pe jos?** [pot a'ʒunʒe a'kolo pe ʒos?]
¿Puede mostrarme en el mapa?	**Îmi puteţi arăta pe hartă?** [imʲ pu'teṭsʲ arə'ta pe 'hartə?]
Por favor muestreme dónde estamos.	**Arătaţi-mi unde ne aflăm acum.** [arə'taṭsi-mi 'unde ne afləm a'kum]

Aquí	**Aici** [a'iʧi]
Allí	**Acolo** [a'kolo]
Por aquí	**Pe aici** [pe a'iʧi]

Gire a la derecha.	**Faceţi dreapta.** [fa'ʧeṭsʲ 'drʲapta]
Gire a la izquierda.	**Faceţi stânga.** [fa'ʧeṭsʲ 'stinga]
la primera (segunda, tercera) calle	**prima (a doua, a treia)** [prima (a 'dowa, a 'treja)]
a la derecha	**la dreapta** [la 'drʲapta]

a la izquierda

la stânga
[la 'stinga]

Siga recto.

Mergeți drept înainte.
[merdʒetsʲ drept ina'inte]

Carteles

¡BIENVENIDO!	**BINE AȚI VENIT!** [bine 'atsʲ ve'nit!]
ENTRADA	**INTRARE** [in'trare]
SALIDA	**IEȘIRE** [je'ʃire]
EMPUJAR	**ÎMPINGEȚI** [im'pinʒetsʲ]
TIRAR	**TRAGEȚI** [tra'dʒetsʲ]
ABIERTO	**DESCHIS** [des'kis]
CERRADO	**ÎNCHIS** [in'kis]
PARA SEÑORAS	**PENTRU FEMEI** [pentru fe'mej]
PARA CABALLEROS	**PENTRU BĂRBAȚI** [pentru bər'batsʲ]
CABALLEROS	**BĂRBAȚI** [bər'batsʲ]
SEÑORAS	**FEMEI** [fe'mej]
REBAJAS	**REDUCERI** [re'dutʃerʲ]
VENTA	**OFERTĂ** [o'fertə]
GRATIS	**GRATUIT** [gratu'it]
¡NUEVO!	**NOU!** ['nou!]
ATENCIÓN	**ATENȚIE!** [a'tentsie!]
COMPLETO	**NU MAI SUNT CAMERE DISPONIBILE** [nu maj sunt 'kamere dispo'nibile]
RESERVADO	**REZERVAT** [rezer'vat]
ADMINISTRACIÓN	**CONDUCERE** [kon'dutʃere]
SÓLO PERSONAL AUTORIZADO	**REZERVAT PERSONAL** [rezer'vat perso'nal]

CUIDADO CON EL PERRO	**ATENŢIE, CÂINE RĂU!** [a'tentsie, 'kijne rəu!]
NO FUMAR	**FUMATUL INTERZIS!** [fu'matul inter'zis!]
NO TOCAR	**A NU SE ATINGE!** [a nu se a'tinʒe!]

PELIGROSO	**PERICOL** [pe'rikol]
PELIGRO	**PERICOL GENERAL** [pe'rikol dʒene'ral]
ALTA TENSIÓN	**ATENŢIE ÎNALTĂ TENSIUNE** [a'tentsie inaltə tensi'une]
PROHIBIDO BAÑARSE	**ÎNOTUL INTERZIS!** [i'notul inter'zis!]

FUERA DE SERVICIO	**DEFECT** [de'fekt]
INFLAMABLE	**INFLAMABIL** [infla'mabil]
PROHIBIDO	**INTERZIS** [inter'zis]
PROHIBIDO EL PASO	**ACCES INTERZIS!** [aktʃes inter'zis!]
RECIÉN PINTADO	**PROASPĂT VOPSIT** [pro'aspət vop'sit]

CERRADO POR RENOVACIÓN	**ÎNCHIS PENTRU RENOVARE** [in'kis 'pentru reno'vare]
EN OBRAS	**ATENŢIE SE LUCREAZĂ** [a'tentsie se lu'krʲazə]
DESVÍO	**TRAFIC DEVIAT** [trafik de'vjat]

Transporte. Frases generales

el avión	**avion** [a'vjon]
el tren	**tren** [tren]
el bus	**autobuz** [auto'buz]
el ferry	**feribot** [feri'bot]
el taxi	**taxi** [ta'ksi]
el coche	**maşină** [ma'ʃinə]

el horario	**orar** [o'rar]
¿Dónde puedo ver el horario?	**Unde pot vedea orarul?** [unde pot ve'dʲa o'rarul?]
días laborables	**zile de lucru** [zile de 'lukru]
fines de semana	**sfârşit de săptămână** [sfir'ʃit de səptə'minə]
días festivos	**sărbători** [sərbəto'ri]

SALIDA	**PLECĂRI** [plekərʲ]
LLEGADA	**SOSIRI** [so'sirʲ]
RETRASADO	**ÎNTÂRZIERI** [intirzi'erʲ]
CANCELADO	**ANULĂRI** [anulərʲ]

siguiente (tren, etc.)	**următorul** [urmə'torul]
primero	**primul** ['primul]
último	**ultimul** ['ultimul]

¿Cuándo pasa el siguiente ...?	**Când este următorul ...?** [kind 'este urmə'torul ...?]
¿Cuándo pasa el primer ...?	**Când este primul ...?** [kind 'este 'primul ...?]

¿Cuándo pasa el último …?

Când este ultimul …?
[kind 'este 'ultimul …?]

el trasbordo (cambio de trenes, etc.)

schimb
[skimb]

hacer un trasbordo

a schimba
[a skim'ba]

¿Tengo que hacer un trasbordo?

**Trebuie să schimb …
(trenul | avionul)?**
[trebuje sə skimb …
('trenul | a'vjonul)?]

Comprar billetes

¿Dónde puedo comprar un billete?	**De unde pot cumpăra bilete?** [de 'unde pot kumpə'ra bi'lete?]
el billete	**bilet** [bi'let]
comprar un billete	**a cumpăra un bilet** [a kumpə'ra un bi'let]
precio del billete	**prețul biletului** [pretsul bi'letului]

¿Para dónde?	**În ce direcție?** [in tʃe di'rektsie?]
¿A qué estación?	**La ce stație?** [la tʃe 'statsie?]
Necesito ...	**Am nevoie de ...** [am ne'voje de ...]
un billete	**un bilet** [un bi'let]
dos billetes	**două bilete** [dowə bi'lete]
tres billetes	**trei bilete** [trej bi'lete]

sólo ida	**dus** [dus]
ida y vuelta	**dus-întors** [dus-in'tors]
en primera (primera clase)	**clasa întâi** [klasa in'tij]
en segunda (segunda clase)	**clasa a doua** [klasa a 'dowa]

hoy	**astăzi** [astəzʲ]
mañana	**mâine** [mijne]
pasado mañana	**poimâine** [po'imiine]
por la mañana	**dimineața** [dimi'nʲatsa]
por la tarde	**după-masa** ['dupə-'masa]
por la noche	**seara** [sʲara]

asiento de pasillo	**loc la culoar**
	[lok la kulo'ar]
asiento de ventanilla	**loc la geam**
	[lok la ʤʲam]
¿Cuánto cuesta?	**Cât costă?**
	[kit 'kostə?]
¿Puedo pagar con tarjeta?	**Pot plăti cu cardul?**
	[pot pləˈti ku 'kardul?]

Autobús

el autobús	**autobuz** [auto'buz]
el autobús interurbano	**autobuz interurban** [auto'buz interur'ban]
la parada de autobús	**stație de autobuz** [sta'sie de auto'buz]
¿Dónde está la parada de autobuses más cercana?	**Unde este cea mai apropiată stație de autobuz?** [unde 'este ʧa maj apro'pjatə 'statsie de auto'buz?]

número	**număr** ['numər]
¿Qué autobús tengo que tomar para ...?	**Ce autobuz trebuie să iau să ajung la ...?** [ʧe auto'buz tre'buje sə jau sə a'ʒun la ...?]
¿Este autobús va a ...?	**Acest autobuz ajunge la ...?** [a'ʧest auto'buz a'ʒunʒe la ...?]
¿Cada cuanto pasa el autobús?	**La ce interval vin autobuzele?** [la ʧe inter'val vin auto'buzele?]

cada 15 minutos	**la fiecare 15 minute** [la fie'kare 'ʧinʧsprezeʧe mi'nute]
cada media hora	**la fiecare jumătate de oră** [la fie'kare ʒumə'tate de 'orə]
cada hora	**la fiecare oră** [la fie'kare 'orə]
varias veces al día	**de câteva ori pe zi** [de kite'va ori pe zi]
... veces al día	**de ... ori pe zi** [de ... ori pe zi]

el horario	**orar** [o'rar]
¿Dónde puedo ver el horario?	**Unde pot vedea orarul?** [unde pot ve'dʲa o'rarul?]
¿Cuándo pasa el siguiente autobús?	**Când este următorul autobuz?** [kind 'este urmə'torul auto'buz?]
¿Cuándo pasa el primer autobús?	**Când este primul autobuz?** [kind 'este 'primul auto'buz?]
¿Cuándo pasa el último autobús?	**Când este ultimul autobuz?** [kind 'este 'ultimul auto'buz?]

la parada

stație
[statsie]

la siguiente parada

următoarea stație
[urməto'ar'a 'statsie]

la última parada

ultima stație
[ultima 'statsie]

Pare aquí, por favor.

Opriți aici, vă rog.
[o'prits' a'itʃi, və rog]

Perdone, esta es mi parada.

Scuzați-mă, cobor aici.
[sku'zatsi-mə, ko'bor a'itʃi]

Tren

el tren	**tren** [tren]
el tren de cercanías	**tren suburban** [tren subur'ban]
el tren de larga distancia	**tren pe distanţă lungă** [tren pe dis'tanʦə 'lungə]
la estación de tren	**o gară** [o 'garə]
Perdone, ¿dónde está la salida al anden?	**Scuzaţi-mă, unde este ieşirea spre peron?** [sku'zaʦi-mə, 'unde 'este ie'ʃirʲa spre pe'ron?]

¿Este tren va a ...?	**Acest tren merge la ...?** [a'ʧest tren 'merʤe la ...?]
el siguiente tren	**următorul tren** [urmə'torul tren]
¿Cuándo pasa el siguiente tren?	**Când este următorul tren?** [kind 'este urmə'torul tren?]
¿Dónde puedo ver el horario?	**Unde pot vedea mersul trenurilor?** [unde pot ve'dʲa 'mersul 'trenurilor?]
¿De qué andén?	**De la care peron?** [de la kare pe'ron?]
¿Cuándo llega el tren a ...?	**Când ajunge trenul la ...?** [kind a'ʒunʤe 'trenul la ...?]

Ayudeme, por favor.	**Vă rog să mă ajutaţi.** [və rog sə mə aʒu'taʦi]
Busco mi asiento.	**Îmi caut locul.** [imʲ 'kaut 'lokul]
Buscamos nuestros asientos.	**Ne căutăm locurile.** [ne kəutəm 'lokurile]

Mi asiento está ocupado.	**Locul meu este ocupat.** [lokul 'meu 'este oku'pat]
Nuestros asientos están ocupados.	**Locurile noastre sunt ocupate.** [lokurile no'astre sunt oku'pate]
Perdone, pero ese es mi asiento.	**Îmi pare rău dar acesta este locul meu.** [imʲ 'pare rəu dar a'ʧesta 'este 'lokul 'meu]

¿Está libre?

Este liber acest loc?
[este 'liber a'tʃest lok?]

¿Puedo sentarme aquí?

Pot să stau aici?
[pot sə 'stau a'itʃi?]

En el tren. Diálogo (Sin billete)

Su billete, por favor.	**Biletul la control.** [bi'letul la kon'trol]
No tengo billete.	**Nu am bilet.** [nu am bi'let]
He perdido mi billete.	**Mi-am pierdut biletul.** [mi-am 'pjerdut bi'letul]
He olvidado mi billete en casa.	**Mi-am uitat biletul acasă.** [mi-am 'ujtat bi'letul a'kasə]

Le puedo vender un billete.	**Puteți cumpăra un bilet de la mine.** [pu'teţs̩ kumpə'ra un bi'let de la 'mine]
También deberá pagar una multa.	**Va trebui, de asemenea, să plătiți și o amendă.** [va 'trebuj, de a'semenʲa, sə plə'tits̩ ʃi o a'mendə]
Vale.	**Bine.** ['bine]
¿A dónde va usted?	**Unde mergeți?** [unde mer'dʒets̩?]
Voy a …	**Merg la …** [merg la …]

¿Cuánto es? No lo entiendo.	**Cât costă? Nu înțeleg.** [kɨt 'kostə? nu intse'leg]
Escríbalo, por favor.	**Scrieți pe ceva, vă rog.** [skri'ets̩ pe tʃe'va, və rog]
Vale. ¿Puedo pagar con tarjeta?	**Bine. Pot plăti cu cardul?** [bine. pot plə'ti ku 'kardul?]
Sí, puede.	**Da, puteți.** [da, pu'tets̩]

Aquí está su recibo.	**Aceasta este chitanța dumneavoastră.** [a'tʃasta 'este ki'tantsa dumnʲavo'astrə]
Disculpe por la multa.	**Îmi pare rău pentru amendă.** [imʲ 'pare rəu 'pentru a'mendə]
No pasa nada. Fue culpa mía.	**Este în regulă. A fost vina mea.** [este in 'regulə. a fost 'vina mʲa]
Disfrute su viaje.	**Călătorie plăcută!** [kələto'rie plə'kutə!]

Taxi

taxi	**taxi** [ta'ksi]
taxista	**şofer de taxi** [ʃo'fer de ta'ksi]
coger un taxi	**a lua un taxi** [a 'lua un ta'ksi]
parada de taxis	**staţie de taxiuri** [staʦie de ta'ksjurʲ]
¿Dónde puedo coger un taxi?	**De unde pot lua un taxi?** [de 'unde pot 'lua un ta'ksi?]
llamar a un taxi	**a chema un taxi** [a 'kema un ta'ksi]
Necesito un taxi.	**Am nevoie de un taxi.** [am ne'voje de un ta'ksi]
Ahora mismo.	**Acum.** [a'kum]
¿Cuál es su dirección?	**Care este adresa dumneavoastră?** [kare 'este a'dresa dumnʲavo'astrə?]
Mi dirección es …	**Adresa mea este …** [a'dresa mʲa 'este …]
¿Cuál es el destino?	**Unde mergeţi?** [unde mer'dʒeʦi?]
Perdone, …	**Scuzaţi-mă, …** [sku'zaʦi-mə, …]
¿Está libre?	**Sunteţi liber?** [sun'teʦʲ 'liber?]
¿Cuánto cuesta ir a …?	**Cât costă până la …?** [kit 'kostə 'pinə la …?]
¿Sabe usted dónde está?	**Ştiţi unde este?** [ʃtiʦʲ 'unde 'este?]
Al aeropuerto, por favor.	**La aeroport, vă rog.** [la aero'port, və rog]
Pare aquí, por favor.	**Opriţi aici, vă rog.** [o'priʦʲ a'iʧi, və rog]
No es aquí.	**Nu este aici.** [nu 'este a'iʧi]
La dirección no es correcta.	**Adresa asta este greşită.** [a'dresa as'ta 'este gre'ʃitə]
Gire a la izquierda.	**Luaţi-o la stânga.** [lu'aʦi-o la 'stinga]
Gire a la derecha.	**Luaţi-o la dreapta.** [lu'aʦi-o la 'drʲapta]

¿Cuánto le debo?

Cât vă datorez?
[kit və da'torez?]

¿Me da un recibo, por favor?

Aş dori o chitanţă, vă rog.
[aʃ do'ri o ki'tantsə, və rog]

Quédese con el cambio.

Păstraţi restul.
[pəs'tratsʲ 'restul]

Espéreme, por favor.

Mă puteţi aştepta, vă rog?
[mə pu'tetsʲ aʃtep'ta, və rog?]

cinco minutos

cinci minute
[tʃintʃ mi'nute]

diez minutos

zece minute
[zetʃe mi'nute]

quince minutos

cincisprezece minute
[tʃintʃisprezetʃe mi'nute]

veinte minutos

douăzeci de minute
[dowə'zetʃi de mi'nute]

media hora

o jumătate de oră
[o ʒumə'tate de 'orə]

Hotel

Hola.	**Bună ziua.**
	[bunə 'ziwa]
Me llamo ...	**Mă numesc ...**
	[mə nu'mesk ...]
Tengo una reserva.	**Am o rezervare.**
	[am o rezer'vare]

Necesito ...	**Am nevoie de ...**
	[am ne'voje de ...]
una habitación individual	**o cameră single**
	[o 'kamerə 'singlə]
una habitación doble	**o cameră dublă**
	[o 'kamerə 'dublə]
¿Cuánto cuesta?	**Cât costă?**
	[kit 'kostə?]
Es un poco caro.	**Este puțin cam scump.**
	[este pu'ʦin kam skump]

¿Tiene alguna más?	**Mai există alte opțiuni?**
	[maj e'gzistə 'alte op'ʦjuni?]
Me quedo.	**O iau.**
	[o 'jau]
Pagaré en efectivo.	**Plătesc în numerar.**
	[plə'tesk in nume'rar]

Tengo un problema.	**Am o problemă.**
	[am o pro'blemə]
Mi ... no funciona.	**... este stricat /stricată/.**
	[... 'este stri'kat /stri'katə/]
Mi ... está fuera de servicio.	**... este defect /defectă/.**
	[... 'este de'fekt /'este de'fektə/]
televisión	**Meu televizorul (este stricat)**
	[meu televi'zorul ('este stri'kat)]
aire acondicionado	**Aerul meu condiționat (este defect)**
	[aerul 'meu kondiʦjo'nat ('este de'fekt)]
grifo	**Meu robinetul (este stricat)**
	[meu robi'netul ('este stri'kat)]

ducha	**Meu dușul (este stricat)**
	[meu 'duʃul ('este stri'kat)]
lavabo	**Mea chiuveta (este defectă)**
	[mia kju'veta ('este de'fektə)]
caja fuerte	**Meu seiful (este stricat)**
	[meu 'sejful ('este stri'kat)]

cerradura	**Încuietoarea (este defectă)** [ɨnkue'toarʲa]
enchufe	**Mea priza (este defectă)** [mʲa 'priza ('este de'fektə)]
secador de pelo	**Uscătorul meu de păr (este stricat)** [uskə'torul 'meu de pər ('este stri'kat)]

No tengo ...	**Nu am ...** [nu am ...]
agua	**apă** ['apə]
luz	**lumină** [lu'minə]
electricidad	**curent electric** [ku'rent e'lektric]

¿Me puede dar ...?	**Îmi puteți da ...?** [imʲ pu'tetsʲ da ...?]
una toalla	**un prosop** [un pro'sop]
una sábana	**o pătură** [o 'pəturə]
unas chanclas	**papuci** [pa'putʃi]
un albornoz	**un halat** [un ha'lat]
un champú	**nişte şampon** [ʃam'pon]
jabón	**nişte săpun** [sə'pun]

Quisiera cambiar de habitación.	**Aş dori să îmi schimb camera.** [aʃ do'ri sə imj skimb 'kamera]
No puedo encontrar mi llave.	**Nu îmi găsesc cheia.** [nu imj gə'sesk ke'ja]
Por favor abra mi habitación.	**Puteţi să îmi deschideţi camera, vă rog?** [pu'tetsʲ sə imʲ de'skidetsʲ 'kamera, və rog?]
¿Quién es?	**Cine e?** [tʃine e?]
¡Entre!	**Intraţi!** [in'tratsʲ!]
¡Un momento!	**Un minut!** [un mi'nut!]

Ahora no, por favor.	**Nu acum, vă rog.** [nu a'kum, və rog]
Venga a mi habitación, por favor.	**Veniţi în camera mea, vă rog.** [ve'nitsʲ in 'kamera mʲa, və rog]

Quisiera hacer un pedido.	**Aş dori să îmi comand de mâncare în cameră.** [aʃ do'ri sə imj ko'mand de min'kare in 'kamerə]
Mi número de habitación es ...	**Numărul camerei mele este ...** [numərul 'kamerej mele 'este ...]
Me voy ...	**Plec ...** [plek ...]
Nos vamos ...	**Plecăm ...** [plekəm ...]
Ahora mismo	**acum** [a'kum]
esta tarde	**în această după-masă** [in a'tʃastə 'dupə-'masə]
esta noche	**diseară** [di'sʲarə]
mañana	**mâine** [mijne]
mañana por la mañana	**mâine dimineaţă** [mijne dimi'nʲatsə]
mañana por la noche	**mâine seară** [mijne 'sʲarə]
pasado mañana	**poimâine** [po'imiine]

Quisiera pagar la cuenta.	**Aş dori să plătesc.** [aʃ do'ri sə plə'tesk]
Todo ha estado estupendo.	**Totul a fost excelent.** [totul a fost ekstʃe'lent]
¿Dónde puedo coger un taxi?	**De unde pot lua un taxi?** [de 'unde pot 'lua un ta'ksi?]
¿Puede llamarme un taxi, por favor?	**Îmi puteţi chema un taxi, vă rog?** [imʲ pu'tetsʲ ke'ma un ta'ksi, və rog?]

Restaurante

¿Puedo ver el menú, por favor?	**Pot vedea meniul, vă rog?** [pot ve'dʲa me'njul, və rog?]
Mesa para uno.	**O masă pentru o persoană.** [o 'masə 'pentru o perso'anə]
Somos dos (tres, cuatro).	**Suntem două (trei, patru) persoane.** [suntem 'dowə (trej, 'patru) perso'ane]

Para fumadores	**Fumători** [fumə'tori]
Para no fumadores	**Nefumători** [nefumə'tori]
¡Por favor! (llamar al camarero)	**Scuzați-mă!** [sku'zatsi-mə!]
la carta	**meniu** [me'nju]
la carta de vinos	**lista de vinuri** [lista de 'vinuri]
La carta, por favor.	**Un meniu, vă rog.** [un me'nju, və rog]

¿Está listo para pedir?	**Sunteți gata să comandați?** [sun'tetsʲ 'gata sə koman'datsʲ?]
¿Qué quieren pedir?	**Ce veți servi?** [tʃe 'vetsi ser'vi?]
Yo quiero ...	**Vreau ...** [vrʲau ...]

Soy vegetariano.	**Sunt vegetarian.** [sunt vedʒeta'rjan /vedʒeta'rjanə/]
carne	**carne** ['karne]
pescado	**pește** ['peʃte]
verduras	**legume** [le'gume]
¿Tiene platos para vegetarianos?	**Aveți feluri de mâncare vegetariene?** [a'vetsʲ fe'luri de mɨn'kare vedʒe'tariene?]
No como cerdo.	**Nu mănânc porc.** [nu mə'nɨnk pork]
Él /Ella/ no come carne.	**El /Ea/ nu mănâncă carne.** [el /ʲa/ nu mə'nɨnkə 'karne]
Soy alérgico a ...	**Sunt alergic la ...** [sunt a'lerdʒik /a'lerdʒika/ la ...]

¿Me puede traer ..., por favor?

Vă rog frumos, îmi puteți aduce ...
[və rog fru'mos, ɨmj pu'tetsʲ a'dutʃe ...]

sal | pimienta | azúcar

sare | piper | zahăr
[sare | pi'per | 'zahər]

café | té | postre

cafea | ceai | desert
[ka'fʲa | tʃaj | de'sert]

agua | con gas | sin gas

apă | minerală | plată
[apə | mine'ralə | 'platə]

una cuchara | un tenedor | un cuchillo

o lingură | o furculiță | un cuțit
[o 'lingurə | o furku'litsə | un ku'tsit]

un plato | una servilleta

o farfurie | un șervețel
[o farfu'rie | un ʃerve'tsel]

¡Buen provecho!

Poftă bună!
[poftə 'bunə!]

Uno más, por favor.

Încă unul /unula/, vă rog.
[ɨnkə 'unul /'unula/, və rog]

Estaba delicioso.

A fost foarte bun.
[a fost fo'arte bun]

---

la cuenta | el cambio | la propina

notă | rest | bacșiș
[notə | rest | bak'ʃiʃ]

La cuenta, por favor.

Nota, vă rog.
[nota, və rog]

¿Puedo pagar con tarjeta?

Pot plăti cu cardul?
[pot plə'ti ku 'kardul?]

Perdone, aquí hay un error.

Îmi pare rău, este o greșeală aici.
[ɨmʲ 'pare rəu, 'este o gre'ʃalə a'itʃi]

De Compras

¿Puedo ayudarle?

Pot să vă ajut?
[pot sə və a'ʒut?]

¿Tiene ...?

Aveți ...?
[a'vetsʲ ...?]

Busco ...

Caut ...
[kaut ...]

Necesito ...

Am nevoie de ...
[am ne'voje de ...]

Sólo estoy mirando.

Doar mă uit.
[do'ar mə uit]

Sólo estamos mirando.

Doar ne uităm.
[do'ar ne uitəm]

Volveré más tarde.

Mă întorc mai târziu.
[mə ɨn'tork maj tɨr'zju]

Volveremos más tarde.

Ne întoarcem mai târziu.
[ne ɨnto'artʃem maj tɨr'zju]

descuentos | oferta

reduceri | ofertă
[re'dutʃerʲ | o'fertə]

Por favor, enséñeme ...

Îmi puteți arăta ..., vă rog.
[ɨmʲ pu'tetsʲ arə'ta ..., və rog]

¿Me puede dar ..., por favor?

Îmi puteți da ..., vă rog.
[ɨmʲ pu'tetsʲ da ..., və rog]

¿Puedo probarmelo?

Pot să probez?
[pot sə pro'bez?]

Perdone, ¿dónde están los probadores?

Nu vă supărați, unde este cabina de probă?
[nu və supə'ratsʲ, 'unde 'este ka'bina de 'probə?]

¿Qué color le gustaría?

Ce culoare ați dori?
[tʃe kulo'are 'atsʲ do'ri?]

la talla | el largo

mărime | lungime
[mə'rime | lun'dʒime]

¿Cómo le queda? (¿Está bien?)

Cum vine?
[kum 'vine?]

¿Cuánto cuesta esto?

Cât costă asta?
[kɨt 'kostə 'asta?]

Es muy caro.

Este prea scump.
[este prʲa skump]

Me lo llevo.

Îl iau /O iau/.
[ɨl 'jau /o 'jau/]

Perdone, ¿dónde está la caja?	**Nu vă supărați, unde plătesc?** [nu və supe'raţsʲ, 'unde plə'tesk?]
¿Pagará en efectivo o con tarjeta?	**Plătiți în numerar sau cu cardul?** [plə'tiţsʲ in nume'rar sau ku 'kardul?]
en efectivo | con tarjeta	**În numerar | cu cardul** [in nume'rar | ku 'kardul]

¿Quiere el recibo?	**Doriți chitanță?** [do'riţsʲ ki'tantsə?]
Sí, por favor.	**Da, vă rog.** [da, və rog]
No, gracias.	**Nu, este în regulă.** [nu, 'este in 'regulə]
Gracias. ¡Que tenga un buen día!	**Mulțumesc. O zi bună!** [mulţsu'mesk. o zi 'bunə!]

En la ciudad

Perdone, por favor.	**Îmi cer scuze.** [imʲ ʧer 'skuze]
Busco …	**Caut …** [kaut …]
el metro	**metroul** [me'troul]
mi hotel	**hotelul** [ho'telul]
el cine	**cinematograful** [ʧinemato'graful]
una parada de taxis	**o stație de taxi** [o 'staʦie de ta'ksi]
un cajero automático	**un bancomat** [un banko'mat]
una oficina de cambio	**un birou de schimb valutar** [un bi'rou de skimb valu'tar]
un cibercafé	**un internet café** [un inter'net kafé]
la calle …	**… strada** [… 'strada]
este lugar	**locul acesta** [lokul a'ʧesta]
¿Sabe usted dónde está …?	**Știți unde este …?** [ʃtitsʲ 'unde 'este …?]
¿Cómo se llama esta calle?	**Ce stradă este aceasta?** [ʧe 'stradə 'este a'ʧasta?]
Muestreme dónde estamos ahora.	**Arătați-mi unde ne aflăm acum.** [arə'taʦi-mi 'unde ne afləm a'kum]
¿Puedo llegar a pie?	**Pot ajunge acolo pe jos?** [pot a'ʒunʒe a'kolo pe ʒos?]
¿Tiene un mapa de la ciudad?	**Aveți o hartă a orașului?** [a'veʦʲ o 'hartə a ora'ʃului?]
¿Cuánto cuesta la entrada?	**Cât costă un bilet de intrare?** [kit 'kostə un bi'let de in'trare?]
¿Se pueden hacer fotos aquí?	**Este permis fotografiatul aici?** [este per'mis fotogra'fjatul a'iʧi?]
¿Está abierto?	**Este deschis?** [este des'kis?]

¿A qué hora abren?

La ce oră deschideţi?
[la tʃe 'orə des'kidetsʲ?]

¿A qué hora cierran?

La ce oră închideţi?
[la tʃe 'orə in'kidetsʲ?]

Dinero

dinero	**bani** ['bani]
efectivo	**numerar** [nume'rar]
billetes	**bancnote** [bank'note]
monedas	**mărunţiş** [mərun'tsiʃ]
la cuenta | el cambio | la propina	**notă | rest | bacşiş** [notə | rest | bak'ʃiʃ]

la tarjeta de crédito	**card bancar** [kard ban'kar]
la cartera	**portofel** [porto'fel]
comprar	**a cumpăra** [a kumpə'ra]
pagar	**a plăti** [a plə'ti]
la multa	**amendă** [a'mendə]
gratis	**gratis** [gratis]

¿Dónde puedo comprar …?	**De unde pot cumpăra …?** [de 'unde pot kumpə'ra …?]
¿Está el banco abierto ahora?	**Banca este deschisă acum?** [banka 'este des'kisə a'kum?]
¿A qué hora abre?	**Când deschide?** [kind des'kide?]
¿A qué hora cierra?	**Când închide?** [kind in'kide?]

¿Cuánto cuesta?	**Cât costă?** [kit 'kostə?]
¿Cuánto cuesta esto?	**Cât costă asta?** [kit 'kostə 'asta?]
Es muy caro.	**Este prea scump.** [este prʲa skump]

Perdone, ¿dónde está la caja?	**Nu vă supăraţi, unde plătesc?** [nu və supə'ratsʲ, 'unde plə'tesk?]
La cuenta, por favor.	**Nota, vă rog.** [nota, və rog]

¿Puedo pagar con tarjeta?

Pot plăti cu cardul?
[pot plə'ti ku 'kardul?]

¿Hay un cajero por aquí?

Există vreun bancomat aici?
[e'gzistə 'vreun banko'mat a'itʃi?]

Busco un cajero automático.

Caut un bancomat.
[kaut un banko'mat]

Busco una oficina de cambio.

Caut un birou de schimb valutar.
[kaut un bi'rou de skimb valu'tar]

Quisiera cambiar …

Aş dori să schimb …
[aʃ do'ri sə skimb …]

¿Cuál es el tipo de cambio?

Care este cursul de schimb?
[kare 'este 'kursul de skimb?]

¿Necesita mi pasaporte?

Vă trebuie paşaportul meu?
[və 'trebuje paʃa'portul 'meu?]

Tiempo

¿Qué hora es?	**Cât este ceasul?** [kit 'este 'tʃasul?]
¿Cuándo?	**Când?** [kind?]
¿A qué hora?	**La ce oră?** [la tʃe 'orə?]
ahora | luego | después de ...	**acum | mai târziu | după ...** [a'kum | maj tir'zju | 'dupə ...]

la una	**ora unu** [ora 'unu]
la una y cuarto	**unu și un sfert** [unu ʃi un sfert]
la una y medio	**unu și jumătate** [unu ʃi ʒumə'tate]
las dos menos cuarto	**unu patruzeci și cinci** [unu patru'zetʃ ʃi 'tʃintʃ]

una | dos | tres	**unu | două | trei** [unu | 'dowə | trej]
cuatro | cinco | seis	**patru | cinci | șase** [patru | 'tʃintʃ | 'ʃase]
siete | ocho | nueve	**șapte | opt | nouă** [ʃapte | opt | 'nowə]
diez | once | doce	**zece | unsprezece | doisprezece** [zetʃe | 'unsprezetʃe | 'dojsprezetʃe]

en ...	**în ...** [in ...]
cinco minutos	**cinci minute** [tʃintʃ mi'nute]
diez minutos	**zece minute** [zetʃe mi'nute]
quince minutos	**cincisprezece minute** [tʃintʃisprezetʃe mi'nute]
veinte minutos	**douăzeci de minute** [dowə'zetʃi de mi'nute]

media hora	**într-o jumătate de oră** [intr-o ʒumə'tate de 'orə]
una hora	**într-o oră** [intr-o 'orə]
por la mañana	**dimineața** [dimi'niatsa]

por la mañana temprano	**dimineaţa devreme** [dimi'nʲaʦa de'vreme]
esta mañana	**dimineaţa aceasta** [dimi'nʲaʦa a'ʧasta]
mañana por la mañana	**mâine dimineaţă** [mijne dimi'nʲaʦə]

al mediodía	**la prânz** [la prinz]
por la tarde	**după-masa** ['dupə-'masa]
por la noche	**seara** [sʲara]
esta noche	**diseară** [di'sʲarə]

por la noche	**noaptea** [no'aptʲa]
ayer	**ieri** [jerʲ]
hoy	**azi** [azʲ]
mañana	**mâine** [mijne]
pasado mañana	**poimâine** [po'imiine]

¿Qué día es hoy?	**Ce zi este astăzi?** [ʧe zi 'este astəzʲ?]
Es ...	**Azi este ...** [azʲ 'este ...]
lunes	**Luni** [lunʲ]
martes	**Marţi** [marʦʲ]
miércoles	**Miercuri** [mjerkurʲ]

jueves	**Joi** [ʒoj]
viernes	**Vineri** [vinerʲ]
sábado	**Sâmbătă** [simbətə]
domingo	**Duminică** [du'minikə]

Saludos. Presentaciones.

Hola.	**Bună ziua.** [bunə 'ziwa]
Encantado /Encantada/ de conocerle.	**Îmi pare bine.** [imʲ 'pare 'bine]
Yo también.	**Şi mie.** [ʃi 'mie]
Le presento a ...	**Aş vrea să vă fac cunoştinţă cu ...** [aʃ 'vrʲa sə və fak kunoʃ'tintsə ku ...]
Encantado.	**Mă bucur de cunoştinţă.** [mə bukur de kunoʃ'tintsə]

¿Cómo está?	**Ce mai faceţi?** [tʃe maj 'fatʃetsʲ?]
Me llamo ...	**Mă numesc ...** [mə nu'mesk ...]
Se llama ...	**El este ...** [el 'este ...]
Se llama ...	**Ea este ...** [ʲa 'este ...]
¿Cómo se llama (usted)?	**Cum vă numiţi?** [kum və nu'mitsʲ?]
¿Cómo se llama (él)?	**Cum se numeşte dumnealui?** [kum se nu'meʃte dum'nalui?]
¿Cómo se llama (ella)?	**Cum se numeşte dumneaei?** [kum se nu'meʃte dumna'ej?]

¿Cuál es su apellido?	**Care este numele dumneavoastră de familie?** [kare 'este 'numele dumnʲavo'astrə de fa'milie?]
Puede llamarme ...	**Îmi puteţi spune ...** [imʲ pu'tetsʲ 'spune ...]
¿De dónde es usted?	**De unde sunteţi?** [de 'unde 'suntetsʲ?]
Yo soy de	**Sunt din ...** [sunt din ...]
¿A qué se dedica?	**Cu ce vă ocupaţi?** [ku tʃe və oku'patsʲ?]

¿Quién es?	**Cine este acesta /aceasta/?** [tʃine 'este a'tʃesta /a'tʃasta/?]
¿Quién es él?	**Cine este el?** [tʃine 'este el?]

| ¿Quién es ella? | Cine este ea?
[ʧine 'este ja?] |
| ¿Quiénes son? | Cine sunt ei /ele/?
[ʧine sunt ej /'ele/?] |

Este es …	Acesta /Aceasta/ este … [a'ʧesta /a'ʧasta/ 'este …]
mi amigo	prietenul meu [pri'etenul 'meu]
mi amiga	prietena mea [pri'etena mʲa]
mi marido	soţul meu [soʦul 'meu]
mi mujer	soţia mea [so'ʦia mʲa]

mi padre	tatăl meu [tatəl 'meu]
mi madre	mama mea [mama mʲa]
mi hermano	fratele meu [fratele 'meu]
mi hermana	sora mea [sora mʲa]
mi hijo	fiul meu [fjul 'meu]
mi hija	fiica mea [fiika mʲa]

Este es nuestro hijo.	Acesta este fiul nostru. [a'ʧesta 'este fjul 'nostru]
Esta es nuestra hija.	Aceasta este fiica noastră. [a'ʧasta 'este 'fiika no'astrə]
Estos son mis hijos.	Aceştia sunt copiii mei. [a'ʧeʃtja sunt ko'piij mej]
Estos son nuestros hijos.	Aceştia sunt copiii noştri. [a'ʧeʃtja sunt ko'piij 'noʃtri]

Despedidas

¡Adiós!	**Le revedere!** [le reve'dere!]
¡Chau!	**Pa!** [pa!]
Hasta mañana.	**Pe mâine.** [pe 'miine]
Hasta pronto.	**Pe curând.** [pe ku'rind]
Te veo a las siete.	**Ne vedem la şapte.** [ne ve'dem la 'ʃapte]

¡Que se diviertan!	**Distracţie plăcută!** [dis'trakt͡sie plə'kutə!]
Hablamos más tarde.	**Ne auzim mai târziu.** [ne au'zim maj tir'zju]
Que tengas un buen fin de semana.	**Week-end plăcut.** [wi'kend plə'kut]
Buenas noches.	**Noapte bună.** [no'apte 'bunə]

Es hora de irme.	**E timpul să mă retrag.** [e 'timpul sə mə re'trag]
Tengo que irme.	**Trebuie să plec.** [trebuje sə plek]
Ahora vuelvo.	**Revin imediat.** [re'vin ime'djat]

Es tarde.	**Este târziu.** [este tir'zju]
Tengo que levantarme temprano.	**Trebuie să mă trezesc devreme.** [trebuje sə mə tre'zesk de'vreme]
Me voy mañana.	**Plec mâine.** [plek 'miine]
Nos vamos mañana.	**Plecăm mâine.** [plekəm 'miine]

¡Que tenga un buen viaje!	**Călătorie plăcută!** [kələto'rie plə'kutə!]
Ha sido un placer.	**Mi-a părut bine de cunoştinţă.** [mia pə'rut 'bine de kunoʃ'tint͡sə]
Fue un placer hablar con usted.	**Mi-a părut bine să stăm de vorbă.** [mia pə'rut 'bine sə stəm de 'vorbə]
Gracias por todo.	**Vă mulţumesc pentru tot.** [və mult͡su'mesk 'pentru tot]

Lo he pasado muy bien.

M-am simţit foarte bine.
[mam sim'ţsit fo'arte 'bine]

Lo pasamos muy bien.

Ne-am simţit foarte bine.
[ne-am sim'ţsit fo'arte 'bine]

Fue genial.

A fost minunat.
[a fost minu'nat]

Le voy a echar de menos.

O să îţi simt lipsa.
[o sə 'iţsʲ simt 'lipsa]

Le vamos a echar de menos.

Îţi vom simţi lipsa.
[iţsʲ vom 'simţsʲ 'lipsa]

¡Suerte!

Noroc!
[no'rok!]

Saludos a …

Salută-l pe… /Salut-o pe …/
[sa'lutəl pe… /sa'luto pe …/]

Idioma extranjero

No entiendo.

Nu înțeleg.
[nu intse'leg]

Escríbalo, por favor.

Scrieți pe ceva, vă rog.
[skri'ets^j pe tʃe'va, və rog]

¿Habla usted ...?

Vorbiți ...?
[vor'bits^j ...?]

Hablo un poco de ...

Vorbesc puțină ...
[vor'besk pu'tsinə ...]

inglés

engleză
[en'glezə]

turco

turcă
['turkə]

árabe

arabă
[a'rabə]

francés

franceză
[fran'tʃezə]

alemán

germană
[dʒer'manə]

italiano

italiană
[itali'anə]

español

spaniolă
[spa'njolə]

portugués

portugheză
[portu'gezə]

chino

chineză
[ki'nezə]

japonés

japoneză
[ʒapo'nezə]

¿Puede repetirlo, por favor?

Vă rog să repetați.
[və rog sə repe'tats^j]

Lo entiendo.

Am înțeles.
[am intse'les]

No entiendo.

Nu înțeleg.
[nu intse'leg]

Hable más despacio, por favor.

Vă rog să vorbiți mai rar.
[və rog sə vor'bits^j maj rar]

¿Está bien?

Așa se spune?
[a'ʃa se 'spune?]

¿Qué es esto? (¿Que significa esto?)

Ce e asta?
[tʃe e 'asta?]

Disculpas

Perdone, por favor.	**Îmi cer scuze.** [imʲ tʃer 'skuze]
Lo siento.	**Îmi pare rău.** [imʲ 'pare rəu]
Lo siento mucho.	**Îmi pare foarte rău.** [imʲ 'pare fo'arte rəu]
Perdón, fue culpa mía.	**Scuze, este vina mea.** [skuze, 'este 'vina mʲa]
Culpa mía.	**Am greşit.** [am gre'ʃit]

¿Puedo ...?	**Aş putea ...?** [aʃ pu'tʲa ...?]
¿Le molesta si ...?	**Vă deranjează dacă ...?** [və deran'ʒʲazə 'dakə ...?]
¡No hay problema! (No pasa nada.)	**Nu face nimic.** [nu 'fatʃe ni'mik]
Todo está bien.	**Este în regulă.** [este in 'regulə]
No se preocupe.	**Nu aveţi pentru ce.** [nu a'vetsʲ 'pentru tʃe]

Acuerdos

Sí.	**Da.** [da]
Sí, claro.	**Da, desigur.** [da, de'sigur]
Bien.	**Bine!** ['bine!]
Muy bien.	**Foarte bine.** [fo'arte 'bine]
¡Claro que sí!	**Cu siguranță!** [ku sigu'rantsə!]
Estoy de acuerdo.	**Sunt de acord.** [sunt de a'kord]

Es verdad.	**Corect.** [ko'rekt]
Es correcto.	**Aşa e.** [a'ʃa e]
Tiene razón.	**Ai dreptate.** [aj drep'tate]
No me molesta.	**Nu mă deranjează.** [nu mə deran'ʒ'azə]
Es completamente cierto.	**Fix aşa.** [fiks aʃa]

Es posible.	**Poate.** [po'ate]
Es una buena idea.	**E o idee bună.** [e o i'dee 'bunə]
No puedo decir que no.	**Nu pot să refuz.** [nu pot sə re'fuz]
Estaré encantado /encantada/.	**Mi-ar face plăcere.** [mi-ar 'fatʃe plə'tʃere]
Será un placer.	**Cu plăcere.** [ku plə'tʃere]

Rechazo. Expresar duda

No.	**Nu.** [nu]
Claro que no.	**Cu siguranță nu.** [ku sigu'rantsə nu]
No estoy de acuerdo.	**Nu sunt de acord.** [nu sunt de a'kord]
No lo creo.	**Nu cred.** [nu kred]
No es verdad.	**Nu e adevărat.** [nu e adeve'rat]
No tiene razón.	**Vă înşelaţi.** [və inʃe'latsʲ]
Creo que no tiene razón.	**Cred că faceţi o greşeală.** [kred tʃə 'fatʃetsʲ o gre'ʃalə]
No estoy seguro /segura/.	**Nu sunt sigur.** [nu sunt si'gur /si'gurə/]
No es posible.	**Este imposibil.** [este impo'sibil]
¡Nada de eso!	**Nici vorbă!** [nitʃi 'vorbə!]
Justo lo contrario.	**Exact pe dos.** [e'gzakt pe dos]
Estoy en contra de ello.	**Sunt împotrivă.** [sunt impo'trivə]
No me importa. (Me da igual.)	**Nu-mi pasă.** [nu-mi 'pasə]
No tengo ni idea.	**Nu am idee.** [nu am i'dee]
Dudo que sea así.	**Mă cam îndoiesc.** [mə kam indo'jesk]
Lo siento, no puedo.	**Îmi pare rău, nu pot.** [imʲ 'pare rəu, nu pot]
Lo siento, no quiero.	**Îmi pare rău, nu vreau.** [imʲ 'pare rəu, nu 'vrʲau]
Gracias, pero no lo necesito.	**Mulţumesc dar nu am nevoie.** [multsu'mesk dar nu am ne'voje]
Ya es tarde.	**Se face târziu.** [se 'fatʃe tir'zju]

Tengo que levantarme temprano.

Trebuie să mă trezesc devreme.
[trebuje sə mə tre'zesk de'vreme]

Me encuentro mal.

Nu mă simt bine.
[nu mə simt 'bine]

Expresar gratitud

Gracias.	**Mulțumesc.** [mulʦu'mesk]
Muchas gracias.	**Vă mulțumesc foarte mult.** [və mulʦu'mesk fo'arte mult]
De verdad lo aprecio.	**Mulțumesc frumos.** [mulʦu'mesk fru'mos /frumo'asə/]
Se lo agradezco.	**Vă sunt recunoscător** **/recunoscătoare/.** [və sunt rekunoskə'tor /rekunoskəto'are/]
Se lo agradecemos.	**Vă suntem recunoscători.** [və 'suntem rekunoskə'tori]
Gracias por su tiempo.	**Vă mulțumesc pentru timpul acordat.** [və mulʦu'mesk 'pentru 'timpul akor'dat]
Gracias por todo.	**Mulțumesc pentru tot.** [mulʦu'mesk 'pentru tot]
Gracias por ...	**Mulțumesc pentru ...** [mulʦu'mesk 'pentru ...]
su ayuda	**ajutor** [aʒu'tor]
tan agradable momento	**timpul petrecut împreună** [timpul petre'kut imprə'unə]
una comida estupenda	**o masă excelentă** [o 'masə ekstʃe'lentə]
una velada tan agradable	**o seară plăcută** [o 'sʲarə plə'kutə]
un día maravilloso	**o zi minunată** [o zi minu'natə]
un viaje increíble	**o călătorie extraordinară** [o kələto'rie ekstraordi'narə]
No hay de qué.	**Nu aveți pentru ce.** [nu a'veʦʲ 'pentru ʧe]
De nada.	**Cu plăcere.** [ku plə'ʧere]
Siempre a su disposición.	**Oricând.** [ori'kind]
Encantado /Encantada/ de ayudarle.	**Plăcerea este de partea mea.** [plə'ʧerʲa 'este de 'partʲa mʲa]

No hay de qué.   **N-ai pentru ce.**
                                        [naj 'pentru ʧe]

No tiene importancia.   **Pentru puțin.**
                                        [pentru put'sin]

Felicitaciones , Mejores Deseos

¡Felicidades!	**Felicitări!** [felitʃi'tɛri!]
¡Feliz Cumpleaños!	**La mulţi ani!** [la 'mulʦʲ anʲ!]
¡Feliz Navidad!	**Crăciun fericit!** [krə'ʧiun feri'ʧit!]
¡Feliz Año Nuevo!	**Un An Nou fericit!** [un an nou feri'ʧit!]

¡Felices Pascuas!	**Paşte fericit!** [paʃte feri'ʧit!]
¡Feliz Hanukkah!	**Hanuka fericită!** [hanuka feri'ʧitə!]

Quiero brindar.	**Aş dori să închin în toast.** [aʃ do'ri sə in'kin in tost]
¡Salud!	**Noroc!** [no'rok!]
¡Brindemos por ...!	**Să bem pentru ...!** [sə bem 'pentru ...!]
¡A nuestro éxito!	**Pentru succesul nostru!** [pentru suk'ʧesul 'nostru!]
¡A su éxito!	**Pentru succesul dumneavoastră!** [pentru suk'ʧesul dumnʲavo'astrə!]

¡Suerte!	**Baftă!** ['baftə!]
¡Que tenga un buen día!	**Să aveţi o zi frumoasă!** [sə a'vetsʲ o zi frumo'asə!]
¡Que tenga unas buenas vacaciones!	**Vacanţă plăcută!** [va'kanʦə plə'kutə!]
¡Que tenga un buen viaje!	**Drum bun!** [drum bun!]
¡Espero que se recupere pronto!	**Multă sănătate!** [multə sənə'tate!]

Socializarse

¿Por qué está triste?	**De ce eşti supărat /supărată/?** [de ʧe 'eʃtʲ supə'rat /supə'ratə/?]
¡Sonría! ¡Animese!	**Zâmbeşte!** [zim'beʃte!]
¿Está libre esta noche?	**Eşti liber /liberă/ în seara asta?** [eʃtʲ 'liber /'liberə/ in 'sʲara 'asta?]

¿Puedo ofrecerle algo de beber?	**Pot să îţi fac cinste cu o băutură?** [pot sə 'iʦʲ fak 'ʧinste ku o bəu'turə?]
¿Querría bailar conmigo?	**Vrei să dansezi?** [vrej sə dan'sezi?]
Vamos a ir al cine.	**Hai să mergem la film.** [haj sə 'merʤem la film]

¿Puedo invitarle a ...?	**Pot să te invit la ...?** [pot sə te in'vit la ...?]
un restaurante	**un restaurant** [un restau'rant]
el cine	**film** [film]
el teatro	**teatru** [te'atru]
dar una vuelta	**o plimbare** [o plim'bare]

¿A qué hora?	**La ce oră?** [la ʧe 'orə?]
esta noche	**diseară** [di'sʲarə]
a las seis	**la şase** [la 'ʃase]
a las siete	**la şapte** [la 'ʃapte]
a las ocho	**la opt** [la opt]
a las nueve	**la nouă** [la 'nowə]

¿Le gusta este lugar?	**Îţi place aici?** [iʦʲ 'plaʧie a'iʧi?]
¿Está aquí con alguien?	**Eşti cu cineva?** [eʃtʲ ku ʧine'va?]
Estoy con mi amigo /amiga/.	**Sunt cu un prieten /o prietenă/.** [sunt ku un pri'eten /o pri'etenə/]

Estoy con amigos.	**Sunt cu niște prieteni.** [sunt ku 'niʃte pri'etenj]
No, estoy solo /sola/.	**Nu, sunt singur /singură/.** [nu, sunt 'singur /'singurə/]

¿Tienes novio?	**Ai prieten?** [aj pri'eten?]
Tengo novio.	**Am prieten.** [am pri'eten]
¿Tienes novia?	**Ai prietenă?** [aj pri'etenə?]
Tengo novia.	**Am prietenă.** [am pri'etenə]

¿Te puedo volver a ver?	**Pot să te mai văd?** [pot sə te maj vəd?]
¿Te puedo llamar?	**Pot să te sun?** [pot sə te sun?]
Llámame.	**Sună-mă.** ['sunə-mə]
¿Cuál es tu número?	**Care este numărul tău de telefon?** [kare 'este 'numərul təu de tele'fon?]
Te echo de menos.	**Mi-e dor de tine.** [mi-e dor de 'tine]

¡Qué nombre tan bonito!	**Ce nume frumos ai.** [tʃe 'nume 'frumos aj]
Te quiero.	**Te iubesc.** [te ju'besk]
¿Te casarías conmigo?	**Vrei să fii soția mea?** [vrej sə fii sot'sia mʲa?]
¡Está de broma!	**Glumești!** [glu'meʃti!]
Sólo estoy bromeando.	**Glumeam.** [glu'mʲam]

¿En serio?	**Vorbiți serios?** [vor'bitsʲ se'rjos?]
Lo digo en serio.	**Vorbesc serios.** [vor'besk se'rjos]
¿De verdad?	**Serios?!** [se'rjos?!]
¡Es increíble!	**Incredibil!** [inkre'dibil!]
No le creo.	**Nu vă cred.** [nu və kred]
No puedo.	**Nu pot.** [nu pot]
No lo sé.	**Nu știu.** [nu 'ʃtiu]
No le entiendo.	**Nu vă înțeleg.** [nu və intse'leg]

Váyase, por favor.	**Vă rog să plecați.** [və rog sə ple'kaţsʲ]
¡Déjeme en paz!	**Lăsați-mă în pace!** [lə'saţsi-mə ɨn 'patʃe!]

Es inaguantable.	**Nu pot să îl sufăr.** [nu pot sə ɨl 'sufər]
¡Es un asqueroso!	**Sunteți enervant!** [sun'teţsʲ ener'vant!]
¡Llamaré a la policía!	**Chem poliția!** [kem po'liţsja!]

Compartir impresiones. Emociones

Me gusta.	Îmi place. [imʲ 'platʃe]
Muy lindo.	Foarte drăguţ. [fo'arte drə'guts]
¡Es genial!	Minunat! [minu'nat!]
No está mal.	Nu e rău. [nu e rəu]

No me gusta.	Nu îmi place. [nu imj 'platʃe]
No está bien.	Nu e bine. [nu e 'bine]
Está mal.	E grav. [e grav]
Está muy mal.	E foarte grav. [e fo'arte grav]
¡Qué asco!	E dezgustător. [e dezgustə'tor]

Estoy feliz.	Sunt fericit /fericită/. [sunt feri'tʃit /feri'tʃitə/]
Estoy contento /contenta/.	Sunt mulţumit /mulţumită/. [sunt multsu'mit /multsu'mitə/]
Estoy enamorado /enamorada/.	Sunt îndrăgostit /îndrăgostită/. [sunt indrəgos'tit /indrəgos'titə/]
Estoy tranquilo.	Sunt calm /calmă/. [sunt kalm /'kalmə/]
Estoy aburrido.	Mă plictisesc. [mə plikti'sesk]

Estoy cansado /cansada/.	Sunt obosit /obosită/. [sunt obo'sit /obo'sitə/]
Estoy triste.	Sunt trist /tristă/. [sunt trist /'tristə/]
Estoy asustado.	Mi-e frică. [mi-e 'frikə]
Estoy enfadado /enfadada/.	Sunt nervos /nervoasă/. [sunt ner'vos /nervo'asə/]

Estoy preocupado /preocupada/.	Sunt îngrijorat /îngrijorată/. [sunt ingriʒo'rat /ingriʒo'ratə/]
Estoy nervioso /nerviosa/.	Sunt neliniştit /neliniştită/. [sunt neliniʃ'tit /neliniʃ'titə/]

Estoy celoso /celosa/. | **Sunt gelos /geloasă/.**
[sunt dʒe'los /dʒelo'asə/]

Estoy sorprendido /sorprendida/. | **Sunt surprins /surprinsă/.**
[sunt sur'prins /sur'prinsə/]

Estoy perplejo /perpleja/. | **Sunt nedumerit /nedumerită/.**
[sunt nedume'rit /nedume'ritə/]

Problemas, Accidentes

Tengo un problema.	**Am o problemă.** [am o pro'blemə]
Tenemos un problema.	**Avem o problemă.** [a'vem o pro'blemə]
Estoy perdido /perdida/.	**M-am rătăcit.** [mam rətə'tʃit]
Perdi el último autobús (tren).	**Am pierdut ultimul autobuz (tren).** [am 'pjerdut 'ultimul auto'buz (tren)]
No me queda más dinero.	**Am rămas fără niciun ban.** [am rə'mas 'fərə 'nitʃiun ban]

He perdido ...	**Mi-am pierdut ...** [mi-am 'pjerdut ...]
Me han robado ...	**Cineva mi-a furat ...** [tʃine'va mi-a fu'rat ...]
mi pasaporte	**paşaportul** [paʃa'portul]
mi cartera	**portofelul** [porto'felul]
mis papeles	**actele** ['aktele]
mi billete	**biletul** [bi'letul]

mi dinero	**banii** ['banii]
mi bolso	**geanta** [dʒanta]
mi cámara	**aparat foto** [apa'rat 'foto]
mi portátil	**laptopul** [ləp'topul]
mi tableta	**tableta** [tab'leta]
mi teléfono	**telefonul mobil** [tele'fonul mo'bil]

¡Ayúdeme!	**Ajutaţi-mă!** [aʒu'tatsi-mə!]
¿Qué pasó?	**Ce s-a întâmplat?** [tʃe sa intim'plat?]
el incendio	**incendiu** [in'tʃendju]

un tiroteo	**împuşcături** [impuʃkə'turi]
el asesinato	**crimă** ['krimə]
una explosión	**explozie** [eks'plozie]
una pelea	**luptă** ['luptə]

¡Llame a la policía!	**Chemaţi poliţia!** [ke'maţsʲ po'liţsja!]
¡Más rápido, por favor!	**Grabiţi-vă, vă rog!** [gra'biţsi-və, və rog!]
Busco la comisaría.	**Caut secţia de poliţie.** [kaut 'sekţsja de po'liţsje]
Tengo que hacer una llamada.	**Trebuie să dau un telefon.** [trebuje sə dau un tele'fon]
¿Puedo usar su teléfono?	**Pot folosi telefonul dumneavoastră?** [pot folo'si tele'fonul dumnʲavo'astrə?]

Me han ...	**Am fost ...** [am fost ...]
asaltado /asaltada/	**tâlhărit /tâlhărită/** [tɨlhə'rit /tɨlhə'ritə/]
robado /robada/	**jefuit /jefuită/** [ʒefu'it /ʒefu'itə/]
violada	**violată** [vio'latə]
atacado /atacada/	**atacat /atacată/** [ata'kat /ata'katə/]

¿Se encuentra bien?	**Sunteţi bine?** [sun'teţsʲ 'bine?]
¿Ha visto quien a sido?	**Aţi văzut cine era?** [aţsʲ və'zut tʃine e'ra?]
¿Sería capaz de reconocer a la persona?	**Aţi fi în stare să recunoaşteţi făptaşul?** [aţsʲ fi ɨn 'stare sə re'kunoaʃteţsi fəpta'ʃul?]
¿Está usted seguro?	**Sunteţi sigur /sigură/?** [sun'teţsʲ 'sigur /'sigurə/?]

Por favor, cálmese.	**Vă rog să vă calmaţi.** [və rog sə və kal'maţsʲ]
¡Cálmese!	**Liniştiţi-vă!** [lini'ʃtiţsi-və!]
¡No se preocupe!	**Nu vă faceţi griji!** [nu və 'faţʃeţsʲ griʒʲ!]
Todo irá bien.	**Totul va fi bine.** [totul va fi 'bine]
Todo está bien.	**Totul este în regulă.** [totul 'este in 'regulə]

Venga aquí, por favor.	**Veniți aici, vă rog.** [ve'nitsi a'itʃi, və rog]
Tengo unas preguntas para usted.	**Am câteva întrebări pentru dumneavoastră.** [am kite'va intre'bɛrj 'pentru dumniavo'astrə]
Espere un momento, por favor.	**Așteptați o clipă, vă rog.** [aʃtep'tatsʲ o 'klipə, və rog]
¿Tiene un documento de identidad?	**Aveți vreun act de identitate?** [a'vetsʲ 'vreun akt de identi'tate?]
Gracias. Puede irse ahora.	**Mulțumesc. Puteți pleca acum.** [mulʦu'mesk. Pu'tetsʲ ple'ka a'kum]
¡Manos detrás de la cabeza!	**Mâinile la ceafă!** [mijnile la 'ʧafə!]
¡Está arrestado!	**Sunteți arestat /arestată/!** [sun'tetsʲ ares'tat /ares'tatə/!]

Problemas de salud

Ayudeme, por favor.	**Vă rog să mă ajutați.** [və rog sə mə aʒu'tatsʲ]
No me encuentro bien.	**Mi-e rău.** [mi-e 'rəu]
Mi marido no se encuentra bien.	**Soțului meu îi este rău.** [sotsului 'meu ii 'este rəu]
Mi hijo ...	**Fiului meu ...** [fjului 'meu ...]
Mi padre ...	**Tatălui meu ...** [tatəlui 'meu ...]

Mi mujer no se encuentra bien.	**Soției mele îi este rău.** [so'tsiej 'mele ii 'este rəu]
Mi hija ...	**Fiicei mele ...** [fiitʃej 'mele ...]
Mi madre ...	**Mamei mele ...** [mamej 'mele ...]

Me duele ...	**Mă doare ...** [mə do'are ...]
la cabeza	**capul** ['kapul]
la garganta	**în gât** [in git]
el estómago	**stomacul** [sto'makul]
un diente	**o măsea** [o mə'sʲa]

Estoy mareado.	**Sunt amețit /amețită/.** [sunt ame'tsit /ame'tsitə/]
Él tiene fiebre.	**El are febră.** [el are 'febrə]
Ella tiene fiebre.	**Ea are febră.** [ja are 'febrə]
No puedo respirar.	**Nu pot să respir.** [nu pot sə res'pir]

Me ahogo.	**Respir greu.** [res'pir 'greu]
Tengo asma.	**Am astm.** [am astm]
Tengo diabetes.	**Am diabet.** [am dia'bet]

No puedo dormir.

Nu pot să form.
[nu pot sə form]

intoxicación alimentaria

intoxicație alimentară
[intoksi'katsie alimen'tarə]

Me duele aquí.

Mă doare aici.
[mə do'are a'itʃi]

¡Ayúdeme!

Ajutor!
[aʒu'tor!]

¡Estoy aquí!

Sunt aici!
[sunt a'itʃi!]

¡Estamos aquí!

Suntem aici!
[suntem a'itʃi!]

¡Saquenme de aquí!

Scoateți-mă de aici!
[skoa'tetsi-mə de a'itʃi!]

Necesito un médico.

Am nevoie de un doctor.
[am ne'voje de un dok'tor]

No me puedo mover.

Nu pot să mă mișc.
[nu pot sə mə miʃk]

No puedo mover mis piernas.

Nu îmi pot mișca picioarele.
[nu imj pot 'miʃka pitʃio'arele]

Tengo una herida.

Sunt rănit /rănită/.
[sunt rə'nit /rə'nitə/]

¿Es grave?

Este grav?
[este grav?]

Mis documentos están en mi bolsillo.

Actele mele sunt în buzunar.
[aktele 'mele sunt in buzu'nar]

¡Cálmese!

Calmați-vă!
[kal'matsi-və!]

¿Puedo usar su teléfono?

Pot folosi telefonul dumneavoastră?
[pot folo'si tele'fonul dumnʲavo'astrə?]

¡Llame a una ambulancia!

Chemați o ambulanță!
[ke'matsʲ o ambu'lantsə!]

¡Es urgente!

Este urgent!
[este ur'dʒent!]

¡Es una emergencia!

Este o urgență!
[este o ur'dʒentsə!]

¡Más rápido, por favor!

Grabiți-vă, vă rog!
[gra'bitsi-və, və rog!]

¿Puede llamar a un médico, por favor?

Vreți să chemați un doctor?
[vretsʲ sə ke'matsʲ un 'doktor?]

¿Dónde está el hospital?

Unde este spitalul?
[unde 'este spi'talul?]

¿Cómo se siente?

Cum vă simțiți?
[kum və sim'tsitsʲ?]

¿Se encuentra bien?

Sunteți bine?
[sun'tetsʲ 'bine?]

¿Qué pasó?

Ce s-a întâmplat?
[tʃe sa intim'plat?]

Me encuentro mejor.	**Mă simt mai bine acum.** [mə simt maj 'bine a'kum]
Está bien.	**E bine.** [e 'bine]
Todo está bien.	**E în regulă.** [e in 'regulə]

En la farmacia

la farmacia	**farmacie** [farma'tʃie]
la farmacia 24 horas	**farmacie non-stop** [farma'tʃie non-stop]
¿Dónde está la farmacia más cercana?	**Unde este cea mai** **apropiată farmacie?** [unde 'este tʃa maj apro'pjatə farma'tʃie?]

¿Está abierta ahora?	**Este deschis acum?** [este des'kis a'kum?]
¿A qué hora abre?	**La ce oră deschide?** [la tʃe 'orə des'kide?]
¿A qué hora cierra?	**La ce oră închide?** [la tʃe 'orə ɨn'kide?]

¿Está lejos?	**Este departe?** [este de'parte?]
¿Puedo llegar a pie?	**Pot merge pe jos până acolo?** [pot 'merdʒe pe ʒos 'pinə a'kolo?]
¿Puede mostrarme en el mapa?	**Îmi puteți arăta pe hartă?** [imʲ pu'tetsʲ arə'ta pe 'hartə?]

Por favor, deme algo para ...	**Vă rog să îmi dați ceva pentru ...** [və rog sə imʲ 'datsʲ tʃe'va 'pentru ...]
un dolor de cabeza	**durere de cap** [du'rere de kap]
la tos	**tuse** ['tuse]
el resfriado	**răceală** [rə'tʃalə]
la gripe	**gripă** ['gripə]

la fiebre	**febră** ['febrə]
un dolor de estomago	**durere de stomac** [du'rere de sto'mak]
nauseas	**greață** [grʲatsə]
la diarrea	**diaree** [dia'ree]
el estreñimiento	**constipație** [konsti'patsie]

un dolor de espalda	**durere de spate** [du'rere de 'spate]
un dolor de pecho	**durere în piept** [du'rere in pjept]
el flato	**junghi lateral** [ʒungʲ late'ral]
un dolor abdominal	**durere abdominală** [du'rere abdomi'nalə]

la píldora	**pastilă** [pas'tilə]
la crema	**unguent, cremă** [ungu'ent, 'kremə]
el jarabe	**sirop** [si'rop]
el spray	**spray** [spraj]
las gotas	**dropsuri** [dropsurʲ]

Tiene que ir al hospital.	**Trebuie să mergeţi la spital.** [trebuje sə mer'dʒetsʲ la spi'tal]
el seguro de salud	**asigurare de sănătate** [asigu'rare de sənə'tate]
la receta	**reţetă** [re'tsetə]
el repelente de insectos	**produs anti insecte** [pro'dus 'anti in'sektə]
la curita	**plasture** ['plasture]

Lo más imprescindible

Perdone, ...	**Nu vă supăraţi, ...** [nu və supə'raʦʲ, ...]
Hola.	**Buna ziua.** [buna 'ziwa]
Gracias.	**Mulţumesc.** [mulʦu'mesk]

Sí.	**Da.** [da]
No.	**Nu.** [nu]
No lo sé.	**Nu ştiu.** [nu 'ʃtiu]
¿Dónde? | ¿A dónde? | ¿Cuándo?	**Unde? | Încotro? | Când?** [unde? | inko'tro? | kɨnd?]

Necesito ...	**Am nevoie de ...** [am ne'voje de ...]
Quiero ...	**Vreau ...** [vrʲau ...]
¿Tiene ...?	**Aveţi ...?** [a'veʦʲ ...?]
¿Hay ... por aquí?	**Există ... aici?** [e'gzistə ... a'iʧi?]
¿Puedo ...?	**Pot ...?** [pot ...?]
..., por favor? (petición educada)	**..., vă rog** [..., və rog]

Busco ...	**Caut ...** [kaut ...]
el servicio	**o toaletă** [o toa'letə]
un cajero automático	**un bancomat** [un banko'mat]
una farmacia	**o farmacie** [o farma'ʧie]
el hospital	**un spital** [un spi'tal]

la comisaría	**o secţie de poliţie** [o 'sekʦie de po'liʦie]
el metro	**un metrou** [un me'trou]

un taxi	**un taxi** [un ta'ksi]
la estación de tren	**o gară** [o 'garə]

Me llamo …	**Numele meu este …** [numele 'meu 'este …]
¿Cómo se llama?	**Cum vă numiţi?** [kum və nu'mits¡?]
¿Puede ayudarme, por favor?	**Mă puteţi ajuta, vă rog?** [mə pu'tets¡ aʒu'ta, və rog?]
Tengo un problema.	**Am o problemă.** [am o pro'blemə]
Me encuentro mal.	**Mi-e rău.** [mi-e 'rəu]
¡Llame a una ambulancia!	**Chemaţi o ambulanţă!** [ke'mats¡ o ambu'lantsə!]
¿Puedo llamar, por favor?	**Pot să dau un telefon?** [pot sə dau un tele'fon?]

Lo siento.	**Îmi pare rău.** [im¡ 'pare rəu]
De nada.	**Cu plăcere.** [ku plə'tʃere]

Yo	**Eu** [eu]
tú	**tu** [tu]
él	**el** [el]
ella	**ea** [ja]
ellos	**ei** [ej]
ellas	**ele** ['ele]
nosotros /nosotras/	**noi** [noj]
ustedes, vosotros	**voi** [voj]
usted	**dumneavoastră** [dumn¡avo'astrə]

ENTRADA	**INTRARE** [in'trare]
SALIDA	**IEŞIRE** [je'ʃire]
FUERA DE SERVICIO	**DEFECT** [de'fekt]
CERRADO	**ÎNCHIS** [in'kis]

ABIERTO

DESCHIS
[des'kis]

PARA SEÑORAS

PENTRU FEMEI
[pentru fe'mej]

PARA CABALLEROS

PENTRU BĂRBAȚI
[pentru bər'batsʲ]

MINI DICCIONARIO

Esta sección contiene 250
palabras útiles necesarias
para la comunicación diaria.
Encontrará ahí los nombres
de los meses y de los días
de la semana.
El diccionario también
contiene temas relevantes
tales como colores, medidas,
familia, y más

T&P Books Publishing

CONTENIDO
DEL DICCIONARIO

T&P Books Publishing

tiempo (m)	**timp** (m)	[timp]
hora (f)	**oră** (f)	['orə]
media hora (f)	**jumătate de oră**	[ʒumə'tate de 'orə]
minuto (m)	**minut** (n)	[mi'nut]
segundo (m)	**secundă** (f)	[se'kundə]
hoy (adv)	**astăzi**	['astəzⁱ]
mañana (adv)	**mâine**	['mijne]
ayer (adv)	**ieri**	[jerⁱ]
lunes (m)	**luni** (f)	[lunⁱ]
martes (m)	**marți** (f)	['martsⁱ]
miércoles (m)	**miercuri** (f)	['merkurⁱ]
jueves (m)	**joi** (f)	[ʒoj]
viernes (m)	**vineri** (f)	['vinerⁱ]
sábado (m)	**sâmbătă** (f)	['sɨmbətə]
domingo (m)	**duminică** (f)	[du'minikə]
día (m)	**zi** (f)	[zi]
día (m) de trabajo	**zi** (f) **de lucru**	[zi de 'lukru]
día (m) de fiesta	**zi** (f) **de sărbătoare**	[zi de sərbəto'are]
fin (m) de semana	**zile** (f pl) **de odihnă**	['zile de o'dihnə]
semana (f)	**săptămână** (f)	[səptə'minə]
semana (f) pasada	**săptămâna trecută**	[səptə'mina tre'kutə]
semana (f) que viene	**săptămâna viitoare**	[səptə'mina viito'are]
por la mañana	**dimineața**	[dimi'nⁱatsa]
por la tarde	**după masă**	['dupə 'masə]
por la noche	**seara**	['sⁱara]
esta noche	**astă-seară**	['astə 'sⁱarə]
(p.ej. 8:00 p.m.)		
por la noche	**noaptea**	[no'aptⁱa]
medianoche (f)	**miezul** (n) **nopții**	['mezul 'noptsij]
enero (m)	**ianuarie** (m)	[janu'arie]
febrero (m)	**februarie** (m)	[febru'arie]
marzo (m)	**martie** (m)	['martie]
abril (m)	**aprilie** (m)	[a'prilie]
mayo (m)	**mai** (m)	[maj]
junio (m)	**iunie** (m)	['junie]
julio (m)	**iulie** (m)	['julie]
agosto (m)	**august** (m)	['august]

septiembre (m)	septembrie (m)	[sep'tembrie]
octubre (m)	octombrie (m)	[ok'tombrie]
noviembre (m)	noiembrie (m)	[no'embrie]
diciembre (m)	decembrie (m)	[de'ʧembrie]

en primavera	primăvara	[primə'vara]
en verano	vara	['vara]
en otoño	toamna	[to'amna]
en invierno	iarna	['jarna]

mes (m)	lună (f)	['lunə]
estación (f)	sezon (n)	[se'zon]
año (m)	an (m)	[an]

2. Números. Los numerales

cero	zero	['zero]
uno	unu	['unu]
dos	doi	[doj]
tres	trei	[trej]
cuatro	patru	['patru]

cinco	cinci	[ʧinʧ]
seis	şase	['ʃase]
siete	şapte	['ʃapte]
ocho	opt	[opt]
nueve	nouă	['nowə]
diez	zece	['zeʧe]

once	unsprezece	['unsprezeʧe]
doce	doisprezece	['dojsprezeʧe]
trece	treisprezece	['trejsprezeʧe]
catorce	paisprezece	['pajsprezeʧe]
quince	cincisprezece	['ʧinʧsprezeʧe]

dieciséis	şaisprezece	['ʃajsprezeʧe]
diecisiete	şaptesprezece	['ʃaptesprezeʧe]
dieciocho	optsprezece	['optsprezeʧe]
diecinueve	nouăsprezece	['nowəsprezeʧe]

veinte	douăzeci	[dowə'zeʧi]
treinta	treizeci	[trej'zeʧi]
cuarenta	patruzeci	[patru'zeʧi]
cincuenta	cincizeci	[ʧinʧ'zeʧ]

sesenta	şaizeci	[ʃaj'zeʧi]
setenta	şaptezeci	[ʃapte'zeʧi]
ochenta	optzeci	[opt'zeʧi]
noventa	nouăzeci	[nowə'zeʧi]
cien	o sută	[o 'sutə]

doscientos	două sute	['dowə 'sute]
trescientos	trei sute	[trej 'sute]
cuatrocientos	patru sute	['patru 'sute]
quinientos	cinci sute	[ʧinʧ 'sute]

seiscientos	şase sute	['ʃase 'sute]
setecientos	şapte sute	['ʃapte 'sute]
ochocientos	opt sute	[opt 'sute]
novecientos	nouă sute	['nowə 'sute]
mil	o mie	[o 'mie]

| diez mil | zece mii | ['zeʧe mij] |
| cien mil | o sută de mii | [o 'sutə de mij] |

| millón (m) | milion (n) | [mi'ljon] |
| mil millones | miliard (n) | [mi'ljard] |

3. El ser humano. Los familiares

hombre (m) (varón)	bărbat (m)	[bər'bat]
joven (m)	tânăr (m)	['tinər]
mujer (f)	femeie (f)	[fe'meje]
muchacha (f)	domnişoară (f)	[domniʃo'arə]
anciano (m)	bătrân (m)	[bə'trin]
anciana (f)	bătrână (f)	[bə'trinə]

madre (f)	mamă (f)	['mamə]
padre (m)	tată (m)	['tatə]
hijo (m)	fiu (m)	['fju]
hija (f)	fiică (f)	['fiikə]
hermano (m)	frate (m)	['frate]
hermana (f)	soră (f)	['sorə]

padres (pl)	părinţi (m pl)	[pə'rintsʲ]
niño -a (m, f)	copil (m)	[ko'pil]
niños (pl)	copii (m pl)	[ko'pij]
madrastra (f)	mamă vitregă (f)	['mamə 'vitregə]
padrastro (m)	tată vitreg (m)	['tatə 'vitreg]

abuela (f)	bunică (f)	[bu'nikə]
abuelo (m)	bunic (m)	[bu'nik]
nieto (m)	nepot (m)	[ne'pot]
nieta (f)	nepoată (f)	[nepo'atə]
nietos (pl)	nepoţi (m pl)	[ne'potsʲ]

tío (m)	unchi (m)	[unkʲ]
tía (f)	mătuşă (f)	[mə'tuʃə]
sobrino (m)	nepot (m)	[ne'pot]
sobrina (f)	nepoată (f)	[nepo'atə]
mujer (f)	soţie (f)	[so'tsie]

marido (m)	soţ (m)	[sots]
casado (adj)	căsătorit	[kəsəto'rit]
casada (adj)	căsătorită	[kəsəto'ritə]
viuda (f)	văduvă (f)	[vəduvə]
viudo (m)	văduv (m)	[vəduv]

| nombre (m) | prenume (n) | [pre'nume] |
| apellido (m) | nume (n) | ['nume] |

pariente (m)	rudă (f)	['rudə]
amigo (m)	prieten (m)	[pri'eten]
amistad (f)	prietenie (f)	[priete'nie]

compañero (m)	partener (m)	[parte'ner]
superior (m)	director (m)	[di'rektor]
colega (m, f)	coleg (m)	[ko'leg]
vecinos (pl)	vecini (m pl)	[ve'tʃinʲ]

4. El cuerpo. La anatomía humana

cuerpo (m)	corp (n)	[korp]
corazón (m)	inimă (f)	['inimə]
sangre (f)	sânge (n)	['sindʒe]
cerebro (m)	creier (m)	['krejer]

hueso (m)	os (n)	[os]
columna (f) vertebral	coloană (f) vertebrală	[kolo'ane verte'bralə]
costilla (f)	coastă (f)	[ko'astə]
pulmones (m pl)	plămâni (m pl)	[plə'minʲ]
piel (f)	piele (f)	['pjele]

cabeza (f)	cap (n)	[kap]
cara (f)	faţă (f)	['fatsə]
nariz (f)	nas (n)	[nas]
frente (f)	frunte (f)	['frunte]
mejilla (f)	obraz (m)	[o'braz]

boca (f)	gură (f)	['gurə]
lengua (f)	limbă (f)	['limbə]
diente (m)	dinte (m)	['dinte]
labios (m pl)	buze (f pl)	['buze]
mentón (m)	bărbie (f)	[bər'bie]

oreja (f)	ureche (f)	[u'reke]
cuello (m)	gât (n)	[gɨt]
ojo (m)	ochi (m)	[okʲ]
pupila (f)	pupilă (f)	[pu'pilə]
ceja (f)	sprânceană (f)	[sprin'tʃane]
pestaña (f)	geană (f)	['dʒane]
pelo, cabello (m)	păr (m)	[pər]

peinado (m)	coafură (f)	[koa'furə]
bigote (m)	mustăţi (f pl)	[mus'tətsʲ]
barba (f)	barbă (f)	['barbə]
tener (~ la barba)	a purta	[a pur'ta]
calvo (adj)	chel	[kel]

mano (f)	mână (f)	['minə]
brazo (m)	braţ (n)	[brats]
dedo (m)	deget (n)	['dedʒet]
uña (f)	unghie (f)	['ungie]
palma (f)	palmă (f)	['palmə]

hombro (m)	umăr (m)	['umər]
pierna (f)	picior (n)	[pi'tʃior]
rodilla (f)	genunchi (n)	[dʒe'nunkʲ]
talón (m)	călcâi (n)	[kəl'kij]
espalda (f)	spate (n)	['spate]

5. La ropa. Accesorios personales

ropa (f)	îmbrăcăminte (f)	[imbrəkə'minte]
abrigo (m)	palton (n)	[pal'ton]
abrigo (m) de piel	şubă (f)	['ʃubə]
cazadora (f)	scurtă (f)	['skurtə]
impermeable (m)	trenci (f)	[trentʃi]

camisa (f)	cămaşă (f)	[kə'maʃə]
pantalones (m pl)	pantaloni (m pl)	[panta'lonʲ]
chaqueta (f), saco (m)	sacou (n)	[sa'kou]
traje (m)	costum (n)	[kos'tum]

vestido (m)	rochie (f)	['rokie]
falda (f)	fustă (f)	['fustə]
camiseta (f) (T-shirt)	tricou (n)	[tri'kou]
bata (f) de baño	halat (n)	[ha'lat]
pijama (m)	pijama (f)	[piʒa'ma]
ropa (f) de trabajo	haină (f) de lucru	['hajnə de 'lukru]

ropa (f) interior	lenjerie (f) de corp	[lenʒe'rie de 'korp]
calcetines (m pl)	şosete (f pl)	[ʃo'sete]
sostén (m)	sutien (n)	[su'tjen]
pantimedias (f pl)	ciorapi pantalon (m pl)	[tʃio'rapʲ panta'lon]
medias (f pl)	ciorapi (m pl)	[tʃio'rapʲ]
traje (m) de baño	costum (n) de baie	[kos'tum de 'bae]

gorro (m)	căciulă (f)	[kə'tʃiulə]
calzado (m)	încălţăminte (f)	[inkəltsə'minte]
botas (f pl) altas	cizme (f pl)	['tʃizme]
tacón (m)	toc (n)	[tok]
cordón (m)	şiret (n)	[ʃi'ret]

betún (m)	**cremă** (f) **de ghete**	['kremə de 'gete]
guantes (m pl)	**mănuşi** (f pl)	[mə'nuʃ]
manoplas (f pl)	**mănuşi** (f pl) **cu un singur deget**	[mə'nuʃ ku un 'singur 'dedʒet]
bufanda (f)	**fular** (m)	[fu'lar]
gafas (f pl)	**ochelari** (m pl)	[oke'larʲ]
paraguas (m)	**umbrelă** (f)	[um'brelə]
corbata (f)	**cravată** (f)	[kra'vatə]
moquero (m)	**batistă** (f)	[ba'tistə]
peine (m)	**pieptene** (m)	['pjeptəne]
cepillo (m) de pelo	**perie** (f) **de păr**	[pe'rie de pər]
hebilla (f)	**cataramă** (f)	[kata'ramə]
cinturón (m)	**cordon** (n)	[kor'don]
bolso (m)	**poşetă** (f)	[po'ʃetə]

6. La casa. El apartamento

apartamento (m)	**apartament** (n)	[aparta'ment]
habitación (f)	**cameră** (f)	['kamerə]
dormitorio (m)	**dormitor** (n)	[dormi'tor]
comedor (m)	**sufragerie** (f)	[sufradʒe'rie]
salón (m)	**salon** (n)	[sa'lon]
despacho (m)	**cabinet** (n)	[kabi'net]
antecámara (f)	**antreu** (n)	[an'treu]
cuarto (m) de baño	**baie** (f)	['bae]
servicio (m)	**toaletă** (f)	[toa'letə]
aspirador (m), aspiradora (f)	**aspirator** (n)	[aspira'tor]
fregona (f)	**teu** (n)	['teu]
trapo (m)	**cârpă** (f)	['kirpə]
escoba (f)	**mătură** (f)	['məturə]
cogedor (m)	**făraş** (n)	[fə'raʃ]
muebles (m pl)	**mobilă** (f)	['mobilə]
mesa (f)	**masă** (f)	['masə]
silla (f)	**scaun** (n)	['skaun]
sillón (m)	**fotoliu** (n)	[fo'tolju]
espejo (m)	**oglindă** (f)	[og'lində]
tapiz (m)	**covor** (n)	[ko'vor]
chimenea (f)	**şemineu** (n)	[ʃemi'neu]
cortinas (f pl)	**draperii** (f pl)	[drape'rij]
lámpara (f) de mesa	**lampă** (f) **de birou**	['lampə de bi'rou]
lámpara (f) de araña	**lustră** (f)	['lustrə]
cocina (f)	**bucătărie** (f)	[bukətə'rie]
cocina (f) de gas	**aragaz** (n)	[ara'gaz]

cocina (f) eléctrica	**plită** (f) **electrică**	['plitə e'lektrikə]
horno (m) microondas	**cuptor** (n) **cu microunde**	[kup'tor ku mikro'unde]
frigorífico (m)	**frigider** (n)	[fridʒi'der]
congelador (m)	**congelator** (n)	[kondʒela'tor]
lavavajillas (m)	**maşină** (f) **de spălat vase**	[ma'ʃinə de spə'lat 'vase]
grifo (m)	**robinet** (n)	[robi'net]
picadora (f) de carne	**maşină** (f) **de tocat carne**	[ma'ʃinə de to'kat 'karne]
exprimidor (m)	**storcător** (n)	[storkə'tor]
tostador (m)	**prăjitor** (n) **de pâine**	[prəʒi'tor de 'pine]
batidora (f)	**mixer** (n)	['mikser]
cafetera (f) (aparato de cocina)	**fierbător** (n) **de cafea**	[fierbə'tor de ka'fʲa]
hervidor (m) de agua	**ceainic** (n)	['ʧajnik]
tetera (f)	**ceainic** (n)	['ʧajnik]
televisor (m)	**televizor** (n)	[televi'zor]
vídeo (m)	**videomagnetofon** (n)	[videomagneto'fon]
plancha (f)	**fier** (n) **de călcat**	[fier de kəl'kat]
teléfono (m)	**telefon** (n)	[tele'fon]

www.ingramcontent.com/pod-product-compliance
Lightning Source LLC
Chambersburg PA
CBHW070837050426
42452CB00011B/2314